JN408931

시인의 바다

2019

꽃이 진다고요?

시인의 바다 | 제17집 |

한국바다문인협회

곽정순 김영태 남여울 방혜숙 안강로 양영택 연용옥 염기식
염은미 이근복 이상호 이정석 전인숙 허문규 류상근

도서출판 천우

| 발간사 |

발간에 부쳐

일행이 숲 자락으로 드는 모습을 뒤로하고 홀로 발길을 돌려 강가 몽돌밭으로 걸음을 옮겼습니다. 무심히 내딛는 걸음마다 여전히 몽돌들은 신음으로, 비명으로 답하고 있었습니다. 어느 젊은 시인이 그랬습니다. 황량한 사막에는 모래보다 더 많은 것이 있으니 그것은 '모래와 모래 사이'라고.

그뿐이겠습니까. 울창한 숲에는 나무보다 더 많은 나무와 나무 사이가 있을 것이고요. 그 사이라는 짧은 명사에 담긴 함의에 애써 어떤 첨언도 필요치 않을 정도로 우리 역시 무한한 사이의 힘 속에서 만들어지고 살아가고 있음은 당연한 일이라 하겠습니다.

우리 한국바다문인협회는 2002년 동인지 『시인의 바다』의 창간을 시작으로 이 가을에 열일곱 번째 동인지 『꽃이 진다고요?』를 꾸몄습니다. 문인협회 소속 시인, 문우들의 칠정과 사이의 힘을 모아 그리고 지난해 먼 길 떠나신 직전 회장 공의식 시인님과 최영화 선생님의 유작을 담아 또 한 권을 엮었습니다. 몽돌처럼, 사막의 모래들처럼 그 무엇 하나 홀로이 제힘으로만 이루어지는 것은 없다는 생각입니다. 부단히 서로 부딪고 더 깨어지고 작아지고 아파한 후 겸손한 모습으로 그러나 더욱 단단한 모습으로 우리는 거듭 태어나야 할 것입니다. 과정에 한마음으로 정성을 다해주신 시인 문우 여러분 고맙고 감사합니다. 수고하셨습니다.

2019년 가을

한국바다문인협회

회장 양영택

제03부 달팽이 • 137

초대시

최영화

공의식

화심(花心) 향기

好世 최 영 화
前 한국바다문인협회 고문

갖가지 꽃들 모여
가녀린 힘을 모아
지친 이 돕겠다고
하늘하늘 비벼 내는 향기
쿳날 시큰하다

몸이 아파 신음하는 이들
마음의 상처 쓰린 이들
가진 것 없어 찌든 이들

그들의 결핍을
한 아름 아름다움으로
채워 주겠다고
하늘대며 속삭이는 화심

꽃송이 아름다움보다
착하고 어여쁜 화심 떨기
뿜어내는 향기
눈물샘 뜨겁다

달빛 속 검은 나비

삼경(三更)
달빛이 푸르오

풀벌레 소리
달빛에 에이고

검은 나비 한 마리
달빛을 향해 날아가오

나비 등 타고
꽃가루 뿌리며
어느 외로운 혼 날아가오

달 둘레
꽃가루 달무리 짙어지오

내일은
서러운 임 홀로 우는 눈물
가을비로 부슬대리다

검은 나비 한 마리
달빛 속으로 가물가물
사라져 가오

추녀에 걸린 가을 이야기

공 의 식
前 한국바다문인협회 회장

메뚜기도 한철이라는데
벼 익는 소리 들리랴
땡볕에 지붕도 까맣게 그을리고
발그레 발걸음 엿보는 홍시
행여 가을이 버릴까 봐
걱정만 가지에 걸리네
그냥 가을만 닮아 보려 했을 뿐인데
낙하의 순간
찌그러진 얼굴 위로
아이가 엉금엉금 기어와
와구와구 입으로 가져갑니다
두 개의 하얀 이가
유난히 빛나던 날

바람마다 문이 열리고

사계의 바람이 네게 다가와
살며시 묻거든
사랑하는 사람에게 문을 활짝 열었노라
크게 말하라

사계의 바람이 네게 다가와
큰 소리로 묻거든
나의 사랑스런 가족을 위해 문을 닫았노라
살며시 말하라

사계의 바람이 소리칠 때 문을 열어
세상의 이치를 받아들이고
사계의 바람이 속살일 때 문을 닫아
바람으로 흩날리는 세월을 보호하거라

바람에 문이 열리면 세상을 낳고
바람이 잦아지면 세월을 잡거라

한국바다문인협회 회원 일동은 두 분의 작품을 다시 되새겨본다.

제01부

구절초 연가

곽정순

김영태

남여울

방혜숙

안강로

시 작 노 트

가을이 무르익어 만추의 나들이를 즐겁게 했다.

매일의 나날을 바쁘다는 핑계로 지내다 보니

무료함에 근질거리는 발을 멈출 수 없다.

잠시 쉬어 가라고 팔을 다치게 하였는지

그동안 보고 싶은 친구를 만나서 철원 평야서 시간을 보내고 보니

삶의 다채로움에 시간을 내어 보려 한다.

계향 곽 정 순

계간 『현대문학사조』 수필 부문 등단
수지문학회 회원
한국바다문인협회 회원
동인지 『내 허락 없인 아프지도 마』 외 다수

사색에 붙임 외 5편

계향 곽 정 순

말이 말 많음으로 실수하기 때문에 말 없음 그 속에
공존하는 고요를 난 좋아한다

촉

느낀다
감지한다
그리고 생각한다
할 건가, 말 건가
가질 건가 놓을 건가
결부된 욕심
결여된 자신감
선택은 자유
그러나
교차되는 기로에서
민첩한 결단이 최선이다

내 안에 슬픔

마음의 고향은 멀기만 하고
찾고자 하는 시간도 미래도 불투명하다
물 젖은 옷의 무거움을 안고 자리 박차고 일어서지 못한다면 무엇 할 수 있을까
답답한 가슴으로 숨을 고르다 보면 환청인 듯 철옹성 무너진 듯
대로의 함성 소리 가득히
하늘에 비바람까지 아울러
멍울진 농촌의 한숨 소리
귀뚜라미 노래는 오곡 풍성한 들녘에 퍼지는데
새로이 일어서다 다시 사라지는 섭리의 자연은 변한 게 없고
도대체 슬퍼지는 것은
불안한 세상에 의지할 곳 없음이리라
내 안에 남은 마지막 잎새가 초름히 팔랑이고
가녀린 삶의 문턱을 넘어 미래의 꿈을 향한 정열은
피안의 정화된 속으로 젖어 들고 싶다

단아하게 살자

백도라지 꽃 핀 뜰에
새들이 지즐이고
장독대엔 투박한 항아리
초랑초랑
해가 들면
붉은 고추장 노란 된장
해묵어 까맣게 달고 있는 간장독
툇마루 화문석에 뽀송이 앉자
모시 적삼 애도는 사이로
태극선이 오락가락
치걱치걱 맴도는 오후

삶이 여전히 보채던 날

저항하려는 힘이
불쑥!
사월 햇살 아래 두 주먹을 쥐었다
봄 가뭄의 굳어진 흙무더기를 뚫고
솟아오르는 씨앗 한 알
기적으로 꽃대를 올리고 피어나겠지
녹음은 가까이 와 있고
벌은 날아 꿀을 찾고
매미의 합창은 싱그러움을 더할 것이다
피를 빠는 모기의 극성은 한여름 무더위를 더하는
감수의 시간
불볕 아래 널브러진 풀잎은
무슨 생각에 잠겨
잠자는 듯 숨소리조차 없는지
이른 아침
부산히 지절대던 새들도 낮잠에 들었나 보다
해 기운 시간 되면 부단히 먹이를 찾을 것이다
멀리 외차선에
빠른 자동차의 움직임은 힘이 깃들어 도시로 간다

삶을 찾아 도시로 간 참새
다시 향수를 찾아 날아올 때쯤엔
노란 은행잎 풍성한 나뭇잎 사이로
붉은 단풍이 알록이는 황금들녘
추수가 한창인 계절이겠지

배려의 손

웃음기 없는 표정 속에
평화롭고 따뜻한 마음 간직했던
그대의 손
조약돌 던지듯 전해 준 말
가슴속에 묻어두고 꺼내어 보면
나도 몰래 미소가 끄덕이네요
잡은 손 놓지 않으리 그게 정이라고
그대의 뜨거운 열정에 녹아 버린 시어들이 살아 숨 쉴 때마다
닮고 싶었던 사랑의 언어를 들려드리고파
일렁이는 억새 뜰 높은 하늘
푸르름에 젖어 들어요

기억의 아픔들은 즐거움의 날들로 교체하고
가슴 시리도록
별빛이 빛나던 밤의 향연 속에 별똥별 흘리며 그리워했을
별이 된 그대의 별 하나 찾아보아요
익어가는 시월의 햇살 아래

추억하기 좋은 날
풍요로운 풍경을
그대여 잊지 않으시길

시 작 노 트

노란 국화향 곁으로

가을빛은 무르익어 가는데

농악의 장단 겨워 어깨가 들먹인다.

상쇠의 몸 사위와 꽹과리 소리

농악꾼들의 장기가 한바탕 돌고 나서

똬리를 틀었나 풀었다.

휴~~

한 해 詩 농사 수확은 얼마 될꼬….

石蒜 김영태

서울 출생, 경기도 평택시 거주
2016년 행시조 전국 백일장 국회의원 표창 수상
2018년 행시조 전국 백일장 국회의원 표창 수상
계간 한행문학 정회원
한국바다문인협회 정회원
한국문학 대표시선 4 발표
공저 '고운글 문학' 동인지(1~4호) 외 다수

가을빛 속에서 외 7편

石蒜 김 영 태

돌아서 가야 할 길
잃어버리고
아련한 기억 속에
걸음 멈추니
해거름 쓸어안은
공간 속에는 깊어진
빛깔들의 작은 춤사위

저만큼 멀어지는
하늘빛 따라
초라한 그림자가
길어지더니
뒹구는 낙엽 곁에
비틀거리고
빛바랜
구두 위엔 지난 흔적이
갈빛을 쓸어안고
에돌고 말아

구절초 연가

먼 날의 그리움은
해후가 되어
이 가을 가슴 뛰는
향기가 되고
길고 긴 기다림에
미소를 띠며
네게로
다가서는 가슴 뛰는데

시간은 바람결에
흩어져 나니
그 누가
메마름에 이슬 적실까
하얀빛 너울 위로
입맞춤하며….

안반데기

어둠을 쓸어안던
달빛은 가고
흐려진 작은 별만
가물대는데

바람이 붓을 들어
그 빛을 적셔
천년의 숨결 위로
덧칠을 하니

운무는 산자락을
휘어 감돌고
여명은 잎새 위로
가을을 그려

태고의
찬란함에 눈부시구나

허수아비

빈 들녘 누워 있는
허수아비에
주름진 얼굴 위로
서리 내리고
비워서 뻥 뚫려진
가슴 사이로
새벽별 흐려지며
기울어 가도

어둠을 깨우려는
여명을 타고
햇살을 찾아올라
참새 떼 날면
깊어진
주름 위로 미소를 본다
모두를 떠나보낸
세월 사이로….

겨울 연가

떨어진 낙엽들의
빛바랜 모습
그늘진 길섶 따라
허둥거리고
담장 끝 모서리에
남아 있는 건
하얗게 식어 가는
서리꽃 조각
따뜻한 차 한 잔에
목을 적셔도
마음의
한복판은 춥기만 하다

흐려진 하늘 끝에
노을 없으니
때 묻은 옷자락을
툴툴 털고서
갈 곳을
잃었어도 일어서야지….

낙화

별빛을 잃어버린
꽃잎 끝 따라
아침이 연둣빛에
이별 얹으니

짧았던 인연 슬퍼
고개 숙이며
발끝은 허공 속에
승무가 되고

길섶의 풀꽃들은
이슬 머금고
젖어 든 춤사위에
목축임 한다

또 다른 봄날 그린
바람결 따라
낙화는
시간 위에 쌓여 가는데….

향기

잿빛의 그림자 뒤
비틀거리며
느려진 발걸음에
묻은 저 세월
굳어진 손등 위론
겨울 뿐인데

마주친 눈동자엔
봄빛 어리고
주름진 미소 위로
햇살이 고와
살며시 다가서며
팔짱을 끼니
엄니의
그 향기가 가슴을 후벼….

하룻길

8월의 뜨거움을
가슴에 담고
백사장 끝자락에
남긴 낙서는
씻겨간
물결 속에 먼 날이 되고

흰머리 짙어지며
깊어진 주름
세월을 얹어 놓은
어깨 너머론
흐르다
말라 버린 빛바랜 흔적

해거름 재촉하는
굽어진 등엔
느려진
하룻길이 매달렸구나

시 작 노 트

끈적끈적한 자음과 모음의
붉은 점액질
한때는 이것들로 퀭한
구멍을 메꾸려 한 적 있었다.
거꾸로 서서
비뚤어 서서
얼마나 힘들었을까?
잘못 조합되어 악귀의 형상을 하고
날카로운 비수가 되어 얼마나
많은 가슴에 상처를 냈을까.

그래!
어쭙잖은 위로나 변명은 말자.
그저 습관처럼 잡은 연필로
담장에 장미 한 송이 그려 넣어야지.

남 여 울

월간 『문학세계』 등단
한국문인협회 회원
세계문인협회 회원
시인의 바다 카페지기
공저 『홀로 우는 소쩍새』 외 다수

달맞이꽃 외 7편

— 공의식 시인의 作 「보름달」에 부쳐

남 여 울

내게로 와
지독한 사랑을 건네는 이여
나의 정인이 된 이여
휘영한 달빛 빗장을 열어
그리움만 푸수수 뿌려 놓고는
까맣게 태운 세월
땅에 기울제
가녀린 어깨 위로 흐르던 이슬
이 밤이 가고, 이별의 밤이 또 가고
우주의 약속으로 다시 올 그때, 그날엔
한 번도 불리지 않은 이름으로
그대 곁에 서리오

흑석동 통신

지금 나는
동맥경화증에
뒷골이 뻐근하다

겹겹이
쌓아 올린
부(富)의 벽돌, 미로에서

내딛는
발걸음마다
빙빙 도는 동그라미

풀꽃 안단테

푸새밭 풀꽃들의
평온한 서곡을 들어 보렴

새벽이슬에 젖어
아침을 기다리는 고요와

눈 뜬 대지 위에
부스스 몸을 일으키는 소리

몸짓 하나
어떤 서두름이 있는지

오늘 비가 내리는 이유

은회색 하늘이
온몸으로 스미는
해 질 녘
마저 나누지 못한 사랑을 두고
스쳐만 가는 오늘,
하루가 원망스럽다
길 잃은 새의
처량한 날갯짓에도
먹구름은 배어 있어
황혼을 불사를 힘마저 상실한
사랑하는 임은
아침부터 서러웠고
지금은 더욱 서러워
속절없이 눈물만
후드득
후드득 흘리는 게지

묵비권

굳게 닫힌 문이었다
한 모금 물을 마실 때마다
한 음계(音階)씩 키를 높이고
젊음을 하나씩 갉아먹고 살찐
고독의 말[言]이다 시간의 손짓이다
산이 내려와 등을 맞댄 메아리며
강이 와 숨은 전설이다
천근의 비밀을 간직하고 굳어진 약속이며
결코 넘볼 수 없는 싸늘한 폭력이다

가을 신부

추우에 갈(渴)한 목 축여
뽀얀 숨 땅을 들어 올리고
가파른 고개 넘어 가을을 나르더니
오색방창 곱기도 하구나

덕지덕지 궂은날 풀어헤치고
네가 만든 붉은 산야를 가자
냇물아 춤춰라 나는 노래하리

가을아, 네가
빛나는 오색의 화관 쓰고
약속의 땅으로 가는 길
신부들의 합창 들판을 나빌레라

소래포구에 가다

해 꼬리 길게 늘어지는 선착장
밀물은 갯벌을 쓰다듬으며
오래된 사념의 흔적 끌고 오는데
그물 걷은 고깃배 꿈을 추스르듯 흔들거리고
세월의 흔적 숨기지 못한 오래된 다방 간판 위로
마지막 햇살 사위어 갈 때
손님 없는 여자의 빨간 입술 꽃잎처럼 벙긋댔다
그녀의 입술에서
삶을 지탱해 온 노래들이 흘러나와
빛바랜 하늘 위로 날아가 별이 되더니, 시나브로
젖은 눈빛 속에 내려앉았다

불현듯 죄인이 된 내가 거기 있었다
삶을 버무리지 못한 노래들만
서툴게 불러대던

어느 봄날

안개 속을 뒤척이는 밤을 지나
찾아온 찬란한 아침 순간,
빛이 떠들어대기 시작했다
생명 있는 모든 것들이 입을 열어
드러내기를 종용했고
비밀한 것들이
빛의 수런거림 속으로 합류했다
속살을 보이지 않으려 앙다문 입술 사이로
목련이 떨었고
하늘엔 꽃이 폭죽처럼 터지고 있었다

시 작 노 트

바람이 적당히 불던 날
노란 금계국이 환영하고
망춧대의 하얀 웃음에
흐르던 눈물은 잠시
하늘을 보게 만들었다.

유난히 하늘은 푸르고
살아 있다는 것이 무엇일까.
살아 없다는 것이 무엇일까.
오직 나만 보이던 날
앞에 있는 금계국이 현란한 춤으로
나를 위로하는 수호천사였다.

방 혜 숙

한국바다문인협회 사무국장
백제문학문인협회 대전지회장
대전시마을문인협회 감사
윤동주시낭송협회 회원
공저 『너에게로 가는 길』 외 다수

가을의 고백 외 7편

방 혜 숙

한쪽 가슴으로
가을을 잘라 먹고
내 영혼 깊은 곳에 담장을 푼다
창문을 두드리는 나뭇잎
가을을 닮은 순한 바람
높은 하늘의 비밀스런 사랑도
눈시울을 젖게 하는 고백이다

가을을 산다는 건
기억을 더듬으며
누군가를 기다리다 잠 못 드는
그리움을 안아 보는 것일까
그가 벗어 놓은 사랑에 한없이 울다가
낯설은 세계에 눈을 뜨며 머리를 든다

계절이 지나가는 한 귀퉁이를
가을로 만들어 먹고 싶은 유혹이다

아직도 가을이 배고픈 것은
붉은 단풍처럼 뜨거운 사랑이
꿈틀거리는 고백으로 남아 있기 때문이다

냉이꽃

태초부터 사랑한 흔적
온몸에 돋아난 하트
꽃부터 뿌리까지
오직 사랑 하나로
수없는 밤 진한 그리움으로
피워낸 하얀 십자화

시작부터 끝까지
붉은 사랑으로 뜨겁게 덮어
기다림에 하얀 뿌리는 영글고
그리운 만큼 절절한 몸부림
드디어 굵은 눈물 한 방울이 만납니다

당신께 내 전부를 바칩니다
냉이꽃의 전설은
궁극적인 사랑의 꽃말을 타고
차갑던 언 땅에 냉이꽃 한 송이를 피웁니다
드디어 가난했던 영혼이
당신 품에서 행복한 굵은 눈물 흘립니다

전부를 주신 당신 앞에
한 송이 꽃으로 아름답게 피어
고운 향기 듬뿍 담아
하늘 십자화로 아낌없이 바치리이다

찻잔의 귀(?)

책장을 넘기다
기울어진 달빛을 훔친다
낯설은 얼굴이 떠오르며
향긋한 차 한 잔이 생각난다
무심히 바라본 찻잔 오른편에
다정히 붙어 있는 큰 물음표

궁금한 것들을 물어보면
하마 같은 입을 통해 대답이 나올 듯하다
너는 사랑을 아느냐고?
뜨거운 사랑 한번 해본 적 있느냐고?
찻잔은 말 대신 뜨거운 몸을 내맡긴다
아 그렇다
정말 뜨겁게 사랑해야 할 사람들 단 한 번도 사랑하지 못한 죄
찻잔 앞에서라도 용서를 구하고 싶어진다
수그린 머리가 차마 하늘을 올려 보지 못할 때
아득한 세월의 얼굴들이 찻잔 속에 모여든다

함께 있음을 애절하게 알리듯
찻잔은 아직도 뜨겁기만 하다
? ? ?
찻잔의 귀는
가끔 물음표를 던지고
재촉이 없는 오랜 침묵이다
뜨겁게 우려 나온 맑고 깨끗한 향기는
찻잔의 귀를 지나
떨리는 입맞춤으로 마침표를 찍는다

2월은

발그스레한 미소를 닮은
빨간 동백꽃
싸락싸락 내리는 눈을
꽃잎으로 받아 녹이며
냉혹한 사랑을 이겨낸 열정

벌써 연인인 듯 익숙한 겨울
흙으로 변한 나뭇잎들
살며시 밀어내고
봉긋이 차올라 터질 듯한
봄 향기 뿌리는 청초함

서툰 시간 비집고 앉아
오래도록 텅 빈 자리에
한 송이 꽃 벙글게 피워 낼
연둣빛 줄기의 지조

단아한 초승달 아래
새벽 찬 바람 맑은 사랑

짧은 2월은
엄니를 닮은 아쉬운 달
벌써 지나가는 애석한 달
사랑하기에도 지독히 짧은 달

겨울의 찬 새벽

오늘은 어제보다 조금
더 과거라고 믿고 싶은 걸까
어제의 해보다
오늘의 해가 더 웅장하다고
하늘은 또 우기고 싶은 것일까

어둠을 뚫으며
밤을 삼켜 가는 길은
새로운 희망으로 황홀의 극치다
비록 꿈을 꾸는 밤일지라도
까만 밤의 힘찬 질주는
천지를 흔들어 깨울 만큼 청춘이다

순간순간 머릿속은 옛날을 부른다
지금까지 지나간 것은 어디로 갔나
내일은 다시 어디로 돌아오는 건가
어제와 오늘이 변한 건
어둠이 빛으로 바뀐 지 몇 시간뿐

수없는 낮과 밤
태초의 시간도 거기에 있었고
너와 나도 이미 거기에 있었지
시작과 끝이 어제와 오늘이다
겨울의 찬 새벽은 그렇게
어제의 밤을 넘어 떠오르는
태양을 잡고 오늘을 시작한다

밑줄 하나

바람 소리 챙겨 넣은 가슴이
뭉클한 보고픔으로 다가올 때
문득 멀리 보이는 점 하나
눈에서 멀어진 그리움 하나가
오래된 시간을 들고 찾아온다
어우러져 있는 인연 속에
길들여진 시간
혼자라는 수직의 묶은 오늘을 환영하고
일찍 찾아온 바람이
허비했던 시간들을 따지듯 내 몸을 훑으며 지나간다

내 생애 어느쯤에
굵은 밑줄 하나 그어 볼까
내 생애 어느쯤에
굵은 밑줄 하나 지워 볼까
구름 뒤에 숨었던
위로의 웃음들이 이젠
시들지 않는 파문을 열어 보인다

오월 어느 한날

도화꽃 스치는
명자나무 그늘 아래
잠자던 민들레는
해 질 녘 산들바람에
숨골을 태우며 내부를 정리한다

강둑에 이름 없는 풀꽃들
모두들 제 몸값을 자랑한다
외로울 때 같이 울어주던 민들레도
노란 어금니까지 내보이며 활짝 웃는다
힘내라 응원하던 망촛대도
한바탕 몸을 틀며 꽃 춤을 추어댄다

기다림이 머문 자리에,
바람의 편지 한 통 배달된다
다시 올 꽃씨들의 이름
다시라는 인연의 아름다운 만남을
봄길 끝자락에 새겨 놓는다

기쁨을 이기지 못하는 신부

어둡고 긴 밤
신랑을 잃어버린 채
헤매는 신부
틈새 사랑을 찾아
기웃거리는 가엾은 신부
순간의 달콤한 행복에 빠져 산다
미치도록 사랑했던 신부
잊지 못하는 신랑
실오라기 희망 속에 진한
몸부림으로 차가운 새벽 찾아 나선다

헐벗은 몸으로 돌아온 신부
참혹한 눈빛으로 밤이슬 먹고
한없이 가난한 영혼 숨죽이며
애절한 몸부림으로 다가올 때
신랑의 가슴 하늘의 붉은 통곡이다
신랑을 만난 혼인 잔치

기쁜 눈물 삼키며 노래할 때
죽어도 좋을 이 황홀함이여
기쁨을 이기지 못하는 신부
신랑의 품속에서 꽃잠을 잔다

시 작 노 트

가을걷이를 하자니

부끄럽다.

그래도

몇 편 건져서 말린다.

보고 또 봐도

춤을 추는 나뭇잎이다.

안 강 로

충남 청양 출생
월간 『문학세계』 등단
한국바다문인협회 회원
대전 탄방동에서 직화구이 연탄집 운영

낮술 1　외 7편

안 강 로

대낮을 비틀어서
배알 좀 보잤더니
밤하늘을 뛰쳐나온
낮달이 허옇구나

어여 와 잔을 부셔
낮달을 띄워봄세
미치도록 그리울 땐
낮술만 한 게 있던가

달도 해도 벌그데데
노을길도 불이 들면
타다 말은 덩어리 하나
산머리에 별로 뜬다

낮술 2

낮술에 취하니
뵈는 게 하나 없네
세상이 돈다더니
이를 두고 한 말인가

궁시렁궁시렁 한 잔
구시렁구시렁 또 한 잔

봄동

봄이
그리워서
겨울에 피는 꽃, 봄동
하얀 밤
달빛에 놀다가
가슴에 망울진 노른 꽃

언 자리에
납작 엎드려
오므리지도 못하고
된바람에
고운 속살로 피어나는
달달한 꽃, 봄동

그는
사랑을 하는 꽃이다

벚길, 동학사

벚꽃이
헐레벌떡
봄길을 밝혔구나
뉘 어른 오시길래
볼을 비벼 분칠인가

춘심에
부푼 가심
주렁주렁 달린 달아
밤도 낮도 무하유
풍류의 세상이로세

뜨내기
샘바람에
빗발인지 눈발인지
봄술에 취한 옹
꽃 지는 줄 모르네

무

몸 먼저
마음 먼저
다투어 잡은 것들이
그물에 가둔 물인 양
속절없이 사라지고
봄 여름
가을 겨울
색색으로 그린 세상도
드난 발품에 창 닳듯이
빛바랜 채 스러지는가

잡아두고
그리려던 세상
가는 듯 오더니
오는 듯 가는 세월에
변죽 한번 못 울리고
한 바퀴는 돌았으나

두 바퀴는 욕심이라
만지작거리는 덩어리 하나
물칠이나 해야겠다
무색도 색이 아니던가

춤추는 나뭇잎

겨울 산
나뭇가지 끝에는
춤을 추는 나뭇잎이 있다

부어오른 망울에
눈시울이 흐르던 날
먼저 반긴 것은 빛이더라
온몸으로 지은 그늘 한 장에
땀을 훔친 것은 잊은 건지
떨겨막이 숨길을 막아
가늘디가는 명줄을 끊어도
붉은 꽃을 피우지 않았던가
씨 한 톨 얻지 말라
등을 긁으며 바람을 막아섰지

어디부터가
시작이고 끝인지는 모르나

사계의 부침이
잎의 서클과 무엇이 다를까

나는 본다
춤을 추는 나뭇잎인 걸

먹통의 일갈

벽시계의 초침이
두어 번 흔들리더니
기억의 밑창 아래
카오스의 늪에 빠진다
하루를 실어 나르는
공기 알갱이들의
나직한 울음소리도
이내 솔고 만다

눈이 감기고
귀가 막히고서야
다가오는 먹통의 일갈

"꼰대는 되지 마라"

마지막 잎새

여린 잎새 하나
보릿고개에 살찌워서
나드는 건들바람을
붙박이로 사랑한 죄
서릿발 세우는 날
붉은 옷 한 벌 얻었으니

노을이 섧으랴
떨지 말고 춤을 추자
풀 기운 다하여
오색 물마저 빠지거든
바스락 군자들과
떼춤이나 춰야겠다

제02부

그대가 그리운 날에

양영택

연용옥

염기식

염은미

이근복

시 작 노 트

네댓 살 병아리들이
무리 이동을 합니다.
한 아이가 하늘을 가리키며
"선생님 비행기 목소리를 봤어요."
비행기에도 목소리가 있고
그 목소리를 볼 수도 있는 아이
안 될 게 없는 나이
'시는 아이들의 소리침이다.'
칠흑 같은 어둠 속에서
나도 내 아이를 찾습니다.
가당찮게도.

小谷 양영택

경기도 산본 출생
한국바다문인협회 회원
동인지 『숲이 되고 나무가 되고 물이 되고』
『노루목에 부는 바람』 『우리를 위한 독백』
『시인의 숲』 외 다수

새벽 외 7편

小谷 양 영 택

불 내키는 부엌에선
구시렁구시렁 엄니의 잔소리가
청솔 연기 끌어안고 구슬피 울고

세상 너머
꽃에 미친 아버지는 새벽 댓바람부터
달리아 샐비어와 눈 맞춤 여념 없다

보리밥에 멀건 된장국
조촐하게 마주한 밥상
개다리소반 그놈만
눈치 없이 껄껄껄 웃었다
다리 부러질 일 없다며

수술실 앞에서

삼 년만 더
딱 삼 년만 더
그 너머는
욕심 같아서
너무 큰
부탁 같아서

움켜쥔
양손 사이로
갈구의 홀씨 하나
뜨겁게 발아되기를
삼 년만 더

꽃눈 내리고

그냥
가시겠다고요?

하필이면
이다지도 눈부신 날에
타오르다
스러지는 불꽃처럼
가고 나면
쓸쓸히 남겨질 날
그대여 어쩌시려고
울고 또 울어도
저려 지칠 가슴인데
그대는 속도 없이
어깨춤까지
한잔 술에
세상 잊고 나도 잊는 날
가겠네 말도 없이 떠날 일이지
그냥 가겠다고요?
그렇게 고운 꿈 꾸자 하더니

한잔 마신 날

벌레야
너는
여섯 다리 걸음이
옴팡지더라

나는
두 다리도
헷갈리는데

소리

기다리는 사람 없는데
불러주는 사람도 없는데
뭐 그리 발걸음 바쁘냐고
물으실 수 있습니다
골안개
발길에 차이는 길섶 이슬
늘 그대로의 산모롱이를 돌며
뭐 그리 가슴 두근거리느냐고
물으실 수도 있습니다

온기 지운 산허리
초록도 지쳐
영혼의 덮개 훌훌 벗어내며
서럽게 통곡할 때
나를 지키던 한 점 구름마저
재를 넘고 말았습니다
애비야 너 오느냐
바람결이었습니다
모두가 돌아서는 계절

냉기를 뚫고 용암처럼 솟구치는 소리
애비야 너 이제 오느냐
내게만 들려오는 소리입니다

달아난 시

꿈길에
시 한 수 만나
놀라 깨어
펜을 드니

그 자취
까마득히 사라지고
아쉬워
백지만 더듬는 손

그새
꼭꼭 숨어버린 시

꽃이 진다고요?

먼 길 두려움에
괴나리봇짐 마다하고
두 날개로 버거울까
여장 몇 개 마련했지요
그러니
꽃이 진다 말하지 말아요
하늘 맞서 솟구치다가
날개 몇 장 떨어졌다고
꽃잎이 졌노라 말하지 마세요
비천의 큰 꿈을 물고
오르고 오르다 지친
외로운 나그네의
부러진 날개를 보았노라
그렇게만 전해주세요

아무 일 없었던 양

인적 멎은 방파제
무심의 콘크리트 턱 위에
가지런히 놓인 새 신을 신고
저 레테(Lethe)의 강을
건널 수 있다면
저기
반야용선은
어서 오라 손짓하고
어서 타세 재촉이네
탈 것에 울고
탈 것에 서러운데
또 타라 하네
바다
그 열 길 물 밖에서
너를 기다리는 사람이
나였다면
다 못 쉰 숨 헐떡이며
내 부모형제의 서러운 눈망울을
차마 지울 수 없어

돌아서지 못하는 이가
만약에 나였다면

영가의 눈물로 채워진
그 바다는
오늘도 여전히 무심하게
아무 일
아무 일 없었던 양

시 작 노 트

새로이 먹은 나이가 두 살

"서로가 서로를 배려하고 격려하며 살자."

이렇게 시작된 산골, 하얗게 핀 구절초를 보며 닮아가는 나를 본다.

檢而不陋 華而不侈(검이불루 화이불치)

검소하지만 추하지 않고 화려하지만 사치하지 않게

나의 삶도 詩와 함께 이렇게 살고 지고.

연용옥

강원 영월 거주
월간 『한맥문학』 등단(2004년)
한국문인협회 회원
한국바다문인협회 2대 회장 역임
공저 『사치스러운 사색』 외 다수

나는 무엇인가 외 7편

연 용 옥

메스 하나 갖고 싶다
하드웨어에서 편치 않은
어리석음을 잘라내
긍정의 힘만 남기자

자유롭고 행복한
아름다운 것들만 남겨두고
사악함도 과욕도 모두
잘라내자

썩은 부위를 도려낼
양심이라는 예리한 칼로
냉철하게 수술을 하고 싶다
깊고도 넓게

얼마나 잘못되었는지
환부의 비린내
그것이 무엇인가
두 눈으로 똑똑히 보고 싶다

돈키호테

나는 지금 소수집단에
보잘것없는 하나
어느 한 부분도 중심 밖
로시난테를 타고 용감히
행진을 하지만
주변은 향사 우려의 시선
늙고 병든 불안한 명마
따가닥 따가닥
뛰다가 넘어지고 또 뛰고
그러나 속도는 느림보 거북
중얼대며 하는 말은
누가 나와 속도를 견줄 것인가
어리석은 넋두리

내일까지만 살자

힘들지 않았다면 거짓말
그러나 허망하지는 않았다

삶이 이만하면 됐지
뭘 더 바라겠는가
다시 태어나도 이쯤 살 것

그리움 하나 있고
몇몇 아는 이들과
정(情) 주거니 받거니

내일까지만 살자
내일은 또 내일
다시 이렇게 살다 가자

생각

앞 개울에 송사리가 산다
그의 세상은 실개천이 전부
흔한 꿈도 없이
작은 은신처에 숨어
자신을 보호할 공간만이 필요했다
부족함에 익숙해지기까지
그리 오랜 시간이 필요치 않았다
행복, 별것도 아닌 것이
그렇게 버둥대며 살게 했는가
이젠 안다
아닌 건 아니다
소중히 간직하고 살
내 작은 개울에 물 마르지 않게
가끔 비를 내려줄 하늘
그곳만 바라보며 살자

삶의 의미

구겨진 날들을 하나씩 펼쳐 본다
돌아보면 과히 나쁘지도 않았다
추하게 접힌 날은 그런대로
깔끔하게 펴진 날은 펴진 그대로
모두가 나름 흔적으로 남아
가슴속 책장에 쌓이고 쌓여
삶이라는 한 권의 기록이 된다

돈, 명예, 권력
살며 이것이 전부는 아니건만
어떻게 보면 결사적이다
해도 안 되는 것을 구걸하듯
절실하지 않은 절실함
갖고 나면 결국 버리게 되는 것
부질없이 배만 불린다
곧 바람은 빠진다는 것을
개구리도 아는데

풀잎

해보다 먼저 일어나
닭장에 들러 인사하고
밭작물과 이야기하다 문득
풀잎을 본다

너무 추웠나
파랗게 슬퍼 보인다
밤이 무서워 많이 울었나
온몸이 촉촉하다

내일은 조금 일찍 일어나
그에게 가야겠다
측은하잖아
어린것들이 참 안됐다

시루산 가는 길

도시의 바람이 불어온다
기억에 남은 적적함을
달래주는 조각들

여전히 지난 것은
그립기만 하다
반가운 벗들 산골에 오면

평상에 둘러앉아
반가움을 잔에 부어
한없이 추억을 마신다

별을 보며 속삭이던
이 밤이 가면 바람은 다시
도시로 떠나고 말겠지

그들 뒷모습이 아련해질 쯤
산모퉁이 홀아비바람꽃은
아직도 바람에 흔들거리고

작은 별 하나

수많은 별
그중 하나가 나를 비춘다
때로는 희미하게
그리곤 밝게

가까운 듯 멀리
먼 듯 가까이
별은 내 소유가 될 수 없다는
사실 하나가 나를 슬프게 한다

그래도 밤이 오면
별바라기가 되고 말지
소중하다는 것은
아낌없이 나를 버릴
가치가 있기 때문

계절이 바뀐대도
여전히 그리움으로
그저 바라볼 수 있는
딱 하나 남은 그것
작은 별 하나

시 작 노 트

아침 햇살에 은빛을
저녁노을에 금빛을 내는
억새풀 산등성에
사색이 흩날린다.

그리움이 일렁이는 산자락
많은 이들의 숨결이
버거운 시름을 토해냈지.

오늘도 어제 간 이들의
수고를 뒤로하고
한 줄기 바람만이 그 자리에 서성인다.

염 기 식

충남 논산 은진 출생
『다온문예』 등단
문학애작가협회 회원
한국바다문인협회 회원
문학의숲 회원
동인지 『다온문예』 『문학애』 『홀로 우는 소쩍새』 외 다수

생은 사라지는 외 7편

염 기 식

빈 듯 허우룩한 바람이
그리움을 두고 떠난 자리
빛 고운 햇살이 살포시 머문다

비췻빛 하늘에 취해
맴돌던 고추잠자리
선선한 바람이 버거운 듯
빈 가지 끝에 내려앉으면

가을이 오는 창가에
어제만이 전부였던
수없이 많은 흔적들이
사색의 강이 되어 흐른다

오고 가고
가고 오는 윤회의 쳇바퀴
잡힐 듯 떠난 수많은 흔적들

생은 존재하는 것이 아니라
흔적으로 사라지는 것이라
어제는 오늘에게 아프게 전하는데

구월의 노래

축 처진 모습으로 팔월을
보낸 지친 육신들이
조석을 넘나드는 갈 기운에
힘이 솟는다

쇠잔해가는 매미 소리
구애도 힘이 든 듯
속닥거리는 가을을 애증하고
산사의 풍경 소리도 깊이를 더한다

구절초 꽃바람에 향기를 더하고
곡식과 과일들이
영금과 익음의 향연을 펼친다

부푼 가슴의 가을 얘기들이
옹골지게 모아지는 구월에는
사색의 깊은 바다에 빠진
어제 간 이들의 애환을 꺼내어
구슬프고 심오한
구월의 노래를 부르련다

비 내리는 밤

어둠은 비에 젖어
짙은 적막을 흩뿌리고
가슴은 심연의 빗소리에
진한 고독을 토해낸다

태연한 척 안 그런 척
살아온 가슴에
한 자락 회한이 애수 되어 스치우면

단비를 향한 애증인가
상흔에 지친 영혼의 외침인가
굳이 물을 틈 없어
어둠보다 진한 그리움에 잠을 설친다

떠나보내자
흘려보내자
허상에 비틀대고
현실에 괴로워하는
처절한 영혼의 외침을

그대가 있음에

어제는 네가 나에게 웃어주고
오늘은 내가 너에게 웃어준다
내일은 너와 내가 웃게 되니
아름다운 너와 내가 된다

사는 동안
빛과 어둠이 모두 소중하듯
너에게 나에게 절절했던 사랑도
아픈 이별 뒤안의 미움도
세월이 가니 모두 사랑이었어라

폭염 속에 한줄기 소나기 살갑고
추위 속에 따뜻한 햇살이 고맙듯
지치고 힘든 날에 함께하며
힘내라 토닥여 주는 그대가 있음에

오늘도 환한 미소 지으며
소망의 끈을 거머쥐고
시련의 언덕을 가쁘게 넘어간다

삶이란

한생을 살아오면서
수없이 많은 날들을
삶이란 무엇인지 의문을 던지며
의미를 찾아 헤맸다

빛바랜 흔적을 남기며
지천이 떠도는 삶을 주우려
이곳저곳 서성이며 떠돌았다

세월이 지난 후
삶이란
순간순간 던져지는
작은 감동과 울림을 거머쥐는
소박한 행복의 파노라마였다

찬비가 내리면

깊은 고독의 골짜기에
시나브로 쌓인 추억들이
찬비 속 그리움 되어 서성인다

시도 때도 없이 부는
바람이
비 젖은 낙엽 위에
찬 눈물을 쏟아내면
휑한 가슴에 애수가 흐른다

오늘처럼
찬비가 하염없이 내리면

회한의 늪에 감춰진 상념들이
하나둘 고개 들어
세월 먹은 가슴을 헤집고
짙은 상심이 지난 자리에
낙엽의 눈물이 젖어든다

그대가 그리운 날에

노을이 지쳐 침몰하는 저녁이면
어둠을 타고 밀려오는 그리움
대책 없는 그대 향기 바람에
고독한 가슴 비질이 시작된다

나 언제까지 더 살아야
그리움마저 감사하며
어둠을 끌어안고 기뻐할까

광풍의 소용돌이도
지쳐 스러지는 외로움도
환한 그대 미소 한 줌에
서먹한 가슴 열어 행복할 텐데

오늘처럼 그대 그리운 날에
바람에 흔들리는 외로운 어둠에
간절한 바람 애잔하게 실어
달님에게 별님에게 애원 보낸다

시월이 가네

시월이 가는 소리에
시린 가슴이여
만추의 향연 가슴에 담기 전에
무심히 떠나가는 추상의 노래

아스팔트 위에 보도블록 위에
떨어져 뒹구는
낙엽의 눈물이 우리를 깨운다

때가 되면 비울 줄 알고
때가 되면 내려놓을 줄 알고
때가 되면 떠날 줄을 알라
가지 끝에 매달려 절규하는
바람에 기댄 잎새의 신음

가을이 가는 소리에
빈 듯 허전한 가슴이 부르는
또 하나의 연가
시월이 가네 가을이 떠나가네

시 작 노 트

봄은
개나리 노란 희망
여름아
콩국수를 부탁해
가을은
느리게 꺼내는 기억의 시선
겨울엔
조금은 외로워져도 좋은
사계와 소통은
시가 되고
세월이 되어
오롯이
풀어헤친
하루가 물들어져
비껴간
세월일랑
아직도 멀긴 한데
노을의 시간은 오고
그대처럼 익는다.

염은미

인천 출생

『다온문예』 등단

한국바다문인협회 정회원

공저『우리를 위한 독백』 외 다수

봄, 벌써 혹은 이미 외 7편

염은미

어제보다 한 뼘 더
보드라운 바람결에
해사한 매화 송이
꽃미소 그대 사랑

개나리 노란 숨소리 들려오고
연분홍 노랫소리에
저만치 오시는 임

사방 천지에 가득한 봄 향기를
설렘으로 안고
스물세 살 무렵의 봄 처녀는
겨우내 감추었던
첫 고백을 건넨다

많이 기다렸노라는 그 한마디

삼월이 말을 걸다

나를 돌아보는 지난겨울
내 안을 꺼내는 그 봄 사이
돌돌돌 물 흐르는 소리
살가운 바람이 간지럽히고
연둣빛 실눈을 뜬 나무에
봄이 뚝뚝 떨어진다
아직 달빛은 차가운데
기다림은 뜨겁다
저만치 닿을 수 없어도
내 안은 봄빛
벌써부터 봄꽃이 춤을 춘다
첫사랑이 발아한다
말갛게 오늘이란 세수를 하고
시작을 어깨에 멘
첫 등굣길 아이들의 까르르 웃음소리가
귓전에 즐겁다

벚꽃 엔딩

언제쯤 보려나
고대하던 환생의 빛깔은
봄의 문장으로 태어나

어느새 미지근한 바람을 몰고 오더니
요란한 꽃단장은 시작되고
수군수군 소문만 무성한 봄 언덕에
꽃비가 내린다

한세상 그렇게 흐드러지게 피었다가
떠나보내는 것에
아직은 서툰 나에게
봄이 온통 내 것이 되는 날
다시 온다는 짧은 인사만 하고
하얀 이별 하나 가슴에 남겼다

그렇게 마지막 잔치는 끝이 나고
하늘의 표정이 푸른 날
다하지 못한 말은 미련으로 남고
봄날은 간다

여름 채비

냉장고 깊숙이 넣었던 지난가을을 꺼낸다
비닐봉지에 고이 든 서리태 콩
싹트고 잎이 나서 비바람 맞아 맺은
어제의 시간을 불린다
오늘 현실의 무게가
제 몸보다 두 배나 커진 콩을 삶아
아삭해지면 찬물에 헹구고
희로애락 섞인 삶도
짭조름한 맛을 넣고 곱게 갈아
고소한 맛을 기대하며 기다린다
한여름 가만히 있어도 땀이 뚝뚝 떨어질 무렵
명주실 빛깔 소면 삶아
영양을 듬뿍 품은 콩물을 부어
콩밭 사이에서 자란 여린 열무를 솎아
맛나게 버무린 구수한 열무김치와
사랑을 안고 오는 손님에게
보리저녁으로
서리태 콩국수 말아 내놓아야지

후덥지근한 바람의 걸음은 빨라지고
어느새 하지 감자는 땅속에서 여문다

여름, 완벽한 이별

언제였던가
엷어진 여름은
하늬바람을 데려왔다

길 잃고 기웃거리다
가을을 구독하려 귀 기울이니
걸리지 않은 바람은 꽃을 피워
어느새 훌쩍 커버린 해바라기도
목이 아프도록 하늘을 본다

사방에서 번뜩거리는 갈색
황량해진 달빛에
까칠해진 입술을 뜯었다

아랫집 할머니네 감나무 홍시 하나
툭, 떨어지는 소리에
새벽 창문을 닫는다

시월의 연서

가을이 가기 전에
그리움 마디마디
온전히 그대만을 품으리

여린 가슴은
그대 영혼의 자양분으로
사랑의 열매를 알알이 맺으리니

사랑은 기다리는 것
손꼽아가며 눈물 훔치는 것이
내 사랑의 전부일지라도

찬 이슬 바람결 이는 시월엔
더운 심장으로
참사랑의 길을 장금장금 가리라

기별(奇別)

빈손으로 돌아오는 저녁 길
감나무 우듬지에 걸려
보름날 떠오른
하얀 달님은 당신 소식일까?

손 내밀면 닿을 듯
눈 감으면 아스라이 멀어졌다 다시 다가와
그렁그렁 눈물이 고여
이내 흐려지는 시야

잠시 나뭇가지가 흔들리고
날카로운 한기에 움츠린 나는
홀로 여기에 있기에

아침이 되어
기다림의 시간 속에
당신의 부재로
다시 걷는 겨울 길

겨울 독백

사흘째 눈이 내려
이제 그만 왔으면 좋겠다고
말하던 때도 있었는데
하늘에서 어지러워도 좋으니
내 소망이 내렸으면 좋겠어

며칠째 녹지 않은 눈을
버석버석 소리 나도록 밟으며
겨울 속으로 더 깊이 걸어가던 그때처럼

오늘쯤 눈이 올까
기다리는 소식으로 이쯤에서
그대의 목소리가 들려오면 좋으련만

언제라도 부르면
여기 있다고 답해 주는 그 음성
겨울이 깊어져도

지루하지 않을 사랑의 메아리

시 작 노 트

정직한 삶은
자작극이 없는
아름다운 시가 되고
철든 인생이 되는 것이다.

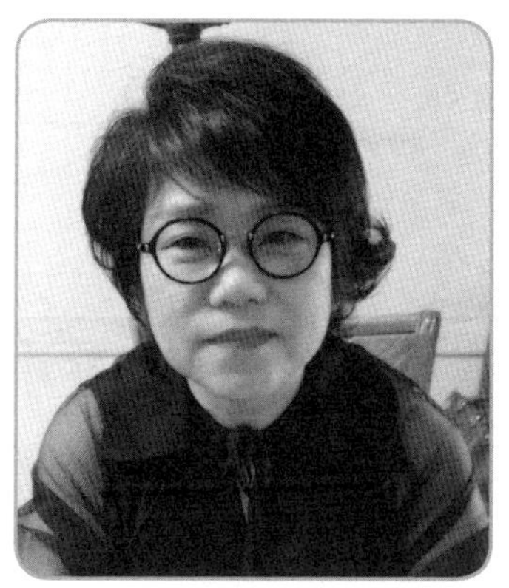

이 근 복

경기 양평 출생
『문학저널』 등단
한국바다문인협회 회원
공저『홀로 우는 소쩍새』외 다수

출산 외 7편

이 근 복

어스름한 어둠이 내려앉는
밤이 되면
바다는 날마다 해를 품는다

여명이 밝아오면
어김없이 출산하는 놀라운 능력

애상 2

구불구불한
작은 숲길 따라 걷다 보면
나풀거리는 푸른 잎들의 설렘
산새들의 떼 창을 들으며
송골송골 솟아나는 땀으로
나를 무장해제 한다

피톤치드의 고결함
지천으로 피어 있는 꽃들의 향연
수많은 사연을 담은 작은 연못가엔
능선이 병풍처럼 펼쳐져 있다
돌멩이를 던지니 둥근 파장이 일어나
펼쳐진 풍경은 보이지 않는다

잔잔한 연못
어느 소박한 여인이 거기에 서 있다
어디에서 본 듯한 여인이 측은해 보인다
몇 해 전 보내드린
그녀와 너무도 닮아 있었다

아문 상처가 다시 아파온다

잔설 속에 묻힌 2월

2월의 잔설 속에
두툼히 낙엽 쌓인
그곳에 당신을 홀로 남겨 두고
발길을 돌려야만 했습니다

뼛속까지 사무치는 그리움이
시린 가슴을 파고들 때면
양수리 산 중턱 언덕배기엔
감추지 못한 당신의 조각들이
그림처럼 남아 있습니다

양지바른 곳
덕지덕지 쌓인 낙엽의 서러움도 잦아듭니다
봄이 찾아오면 언덕배기 양수리에도
이름 모를 들풀이 무성할 것이요
새들의 노래로 하루를 채울 것이요
꽃들의 향기로 그득할 것입니다

2월의 잔설 속에 떠나보낸
당신이 보고 싶을 때면
가끔은 넘치는 눈물을 흘려도 좋으리
아버지의 이름으로

달님은 나를 좋아하나 봐

까만 밤하늘의 유성이
눈 안 가득 쏟아져 내린다
서툴렀던 유년의 시간
빽빽이 박힌 수많은 별들
셔터를 눌러대기 시작한다
어둠이 몰고 온 섬뜩함도 잊은 채
밤하늘의 별을 세며 걷던 아련한 추억
좁은 둑길을 환히 비춰 준
저 달님은
내가 한 발 한 발 뗄 때마다
같은 폭으로 내게 따라붙는다

내가 서면 서고 걸으면 함께 걷는다
직진이 아닌 돌아서 가도
여전히 따라와 내 위에 있다
엄마를 부르며 방으로 들어가
문틈으로 내다보니

꼼짝없이 그 자리를 지키고 있다
설마
달님이 나를 좋아하는 것일까

서랍장 속엔

묵은 옷가지들을
서랍장에 가지런히 접어
계절을 바꾸고 싶다
이맘때면 텃밭에서 키워낸
쌈 채소가 한 상 차려져
잃었던 입맛을 돋우었는데
그 시절 기억이 새롭게 피어난다

서랍장을 열어 묵은 옷들을
가지런히 접어 넣고
때 이른 계절을 꺼내고 있다
바닥이 드러난 한쪽 귀퉁이
낡은 봉투에 담긴 두툼한 사진들
빛바랜 추억이 두 눈을 채운다
한 장 한 장 넘겨볼 때마다
입가에 미소 가득하다

온 가족이 한자리에 모여
해맑은 웃음을 짓고

곱게 차려입은 한복 어머니의 고희연
따뜻한 얼굴로 그저 빙긋이 웃으시기만 하신다
구수한 된장국보다 진한 아버지의 사랑
텃밭에서 솎아낸 쌈 채소로 입맛 돋아 주었던
어머니의 건강 식단을 받고픈 시간이다

계절이 바뀌는 서랍장 속엔
그리움이 담긴 추억이 있다

보고픈 당신

여명으로 밝아오는 찬란한 햇살 속에
하루라는 선물이 맑은 아침을 깨운다
담장을 휘감은 화사한 넝쿨장미 틈
하얀 찔레꽃이 데코처럼 피어 있다
빽빽이 잎을 불린 가로수
펼쳐진 하늘이
조각조각 걸려
한 폭의 그림이 가슴으로 내려앉는다

그늘로 포장된
보도블록 사이로 생명이 자라고
행인의 발걸음에 치이고 눌려도
생존의 본능을 충실히 이행하고 있다
약속하지 않아도 새로운 계절이 찾아오면
생명은 여전히 순종하며 잉태되는데
길 떠난 나의 임은
해가 바뀌어도 다시 올 줄 모르누나

가을 엽서

노을이 내려앉은 작은 카페
소국이 만발한 화단 앞을
젊은 청년이 서성이고 있다
몇 번이고 고개를 길게 곧추세워
카페 안을 두리번거린다
청년은 나의 등 뒤에 우두커니 서 있다
빼꼼하게 열린 문틈 사이로
붉은 석양이 혀처럼 밀려들어 오고
등 뒤에 있던 젊은 청년이 궁금해졌다
곁눈질로 힐긋 바라보니
작은 화단 앞엔 꽃무늬가 만발한
찰랑한 원피스를 입은 어여쁜 소녀가
창백한 얼굴로 서 있다
청년은 보이지 않고
모든 멍에를 짊어진 여인처럼 꼼짝없이
그 자리에 서 있다
갑자기 그 여인이 가여워진다
커피 한 잔 기울이는 동안
엽서 한 장 받아들었습니다
멀찌감치 떠나버린 그해 여름처럼

풍경 있는 달력

한쪽 벽면을
내어 주어도 아깝지 않은
풍경 있는 달력엔
한 해가 빽빽이 담겨 있다

계절이 주는
희망 기쁨 풍성한 결실
자연이 주는 특별한 축복

풍경 있는 달력엔
해가 거듭되어도 오롯이 한 자릿수
희로애락을 주관하는 연금술사

완숙한 인생은 해가 더할수록
의도하지 않아도
늘 동반자가 되어야 한다

아련한 추억이 가슴을 담금질할 때면
순한 마음으로 두 팔 벌려 안아 주자

뇌리를 적시는 그리움으로 고단해질 때도 있지만
풍경 있는 달력엔 묘약처럼 신비한
늙지 않는 한 해가 담겨 있다

제03부

달팽이

이상호

이정석

전인숙

허문규

류상근

시 작 노 트

한해살이 꽃들
신나게 여름을 보내고 마침내 씨방을 터트리고 한 해를 보냈다.
떨어지는 씨앗을 한 움큼 입속에 털어 넣었다.
내년엔 가슴에서 꽃이 피려나.

도균 이 상 호

서울 거주
한국바다문인협회 회원

바람난 여름 외 7편

도균 이 상 호

소담스레 우아하고 화려하게 피는 여름 꽃들
벌 나비를 유혹하기 위한 노력이다
까맣게 꽃씨가 익어 갈 즈음
꽃나무의 키도 훌쩍 컸다
바람에 조금이라도 멀리 보내고 싶은 부모의 마음이다

개구리는 물속에서 두 눈 부릅뜨고
매미는 나무에 매달려 밤낮으로 짝을 부르고
나나니벌은 땅속에서 나비는 공중에서 분주한 생명의 여름이다

지글지글 타고 타는 여름
부채 들 힘조차 없건만
다들 사랑하기 딱 좋은 계절이라 하네

소나무

동쪽이 좋을까 남쪽이 좋을까
사시사철 분주한 솔가지
남들은 하늘 향해
숨도 안 쉬고 치솟건만

하늘이 싫은가
땅이 좋은가
고민은 골을 파고
깊은 사연에 향기만 솔솔 흘리네

못생겨야 살아남을 수 있다며
오늘도 내일도
이리 삐뚤 저리 삐뚤
잘생긴 한국 소나무

섬

하늘빛 닮은 바다에 검은 점 하나
언제부터 한곳에서 말도 없이 바다를 지켰는지
외롭고 쓸쓸해 보이지만 밤이면 새들의 찾는 보금자리가 있고
비췻빛 바닷속엔 해초를 기르고 고기들을 돌보니 말이 없다 하지만 마음은 늘 바쁘다

발이 달린 동물들은 발품을 팔아야 하고
날개 달린 새들은 날갯짓 힘드는데
그 이유를 알고 있는 섬은
아무도 찾지 않는 바다에 집을 지었다
유구한 세월이 지난다 해도 묵묵히 바다를 지킬 것이다

삶의 지게가 무거울 때 가슴이 답답하면 가끔 찾아와 쉬어 가라며
오늘도 내일도 바다를 지키는 섬은 하나의 점이지만 희망이다

부처님 손바닥

바다는 육지를 삼키려고 파도를 앞세워 땅을 부셔 삼킨다

말 없는 육지는
태풍 번개에도 속눈썹 하나도 꿈쩍 안 한다

이리 뺏으면 저리 빼앗기는
이치도 모르면서
긴 혀를 날름대는 파도

바다의 거친 도전에
육지는 빙긋 웃으며
부처님 손바닥에서 잘도 놀고 있구나

성장통

마파람
목덜미를 훔치니
한 줄기 섬광이 내리니
꿈쩍 안 하던 땅이 기지개 켠다

높아진 하늘 아래 푸른 잎은 앞다투어 뜨거운 태양을 마시며 몸짓을 키운다
이마에 맺힌 땀방울도
정열의 여름과 거칠게 대항한다

아마 여름이 없으면
세상의 성장은 멈췄을 것

살아가는 까닭도
눈치껏 가슴을 열며
올여름에 몸통을 조금 커졌으면

춘재

차디찬 대지에 뿌리 심은 고목
해마다 만남과 이별을 해왔다
겨울은 참기 어려운 계절이다

어젯밤도 오늘 밤도
배고픔으로 밤마다 바싹 마른 잔가지는 바람의 먹이가 된다

벌레들이 파먹는 뱃살
해마다 반복되는 행위로 겉과 속마저 비우니 갈비뼈만 남았네

이고 진 한 해의 기억을
저장한 주름
올해도 삐뚤삐뚤 선 하나 새겨본다

봄꽃

다시는 치유되지 않을 초췌한 몰골
버려져 굵어진 뼈 마디마디
일어서기엔 모두가 적뿐인 풍경

콩 심은 데 콩 나고 팥 심은 데 팥 나는데
마포 강변의 거친 바람 불어도
손마디 쩍쩍 붙게 한 혹한도
막을 수가 없다 내 갈 길을

생의 여백의 고리를 잇고픈 바람도 아니다
힘들고 지칠 법한 세월에
꿈틀대는 욕망을 채우려는 것도 아니다
천사와 악마가 공존하는 세상
희망찬 웃음을 건네고 싶은 몸짓일 뿐이다

님을 기다리며

제자리 돌고 도는 벽시계
어지럽고 지칠 법도 하건만
신통하게 잘도 돈다

아침 먹고 출근하고 술 마시고
어제도 오늘도
왔던 길 잘도 돈다

돌지 않으면 끝이라지만
언제까지 돌아야 하는지
봄 마중 기약 없고
너도 돌고 나도 돌고

시 작 노 트

계단과 사다리가 있어
높은 곳을 닿을 수가 있도록
서로를 연결해 주는 것처럼
우리 서로 동행하는 기쁨으로
한마음 되어 서로를 응원하며
오늘도
한 단계 업그레이드된 힘찬 삶 펼쳐 가요.
메마른 산언덕 위에 나무 자라고
어여쁜 꽃이 피어 아름다운
자연을 순리를 예찬하며
글의 마술사인 문인의 꿈
알차게 펼쳐진 웃음꽃 모아
정겨운 시가 주는 행복을 창작해서
서로가 빛나는 큰 세상 열어 갑시다.

청송 이정석

충북 괴산 칠성 출생
월간 『문예사조』 등단
2010년 자랑스런 한국인 문학 부문 대상 수상
2018년 한국청소년신문 청소년지도자 문학 부문 대상 수상
청풍명월정격시조회 문학상 순발력 부문 수상
한국문인협회 회원
〈물의 여행〉 가곡 작시 발표

소도 자식 외 7편

청송 이 정 석

외양간에 매인 소 한 마리
우리 아버지의 꿈이었다
밭으로 나온 소 한 마리는
우리 집 제일 큰 머슴이자
재산 목록 일호의 살림 밑천이었다

소 사랑만은 남달랐던 우리 아버지

술을 많이 잡수시고 늦게 귀가한 어느 날
우리는 잔소리하는 것이 귀찮아
오 남매는 자는 척하고 있을 때
인기척이 없는 우리 집 한 바퀴 돌다
풍경을 울리는 소를 바라보시며
네가 내 자식들보다 더 낫다고 하시며
쌀 한 바가지 후하게 퍼 주시던 우리 아버지
나보다 소를 더 사랑하는 줄로 알았다

내가 자식을 키워 보니
아버지 마음을 늦게 알게 된 나

그 이후 소를 보면 우리 아버님 생각이 떠올라
눈시울이 뜨거워진다

우리 집 보물이었던 소 한 마리
아버지 속만을 태웠던 자식인 나보다
우리 아버지가 의지하며 자랑할 수 있는 소도
또 하나의 자식이었다는 걸
내가 강아지 한 마리 키워 보니 알게 되었네

내 고향 칠성이여

산자락에 산딸기 익어
예쁜 얼굴로 금세 붉어지고
밭둑에 뽕나무 오디 검게 익어
침샘의 입맛을 다시게 하고
장독대 수문장 앵두도 질세라 익어
나보고 윙크해 침이 고이게 하는 곳

우리 집 문전에서 나만 대학을 나왔다고
으스대며 양껏 커버린 대학찰옥수수 있어
복중에 시원한 여름 찬가 불 욕심에
어른 됐다고 하모니카 음 조율해 가는 곳

텃밭에 감자 한 바구니 캐서
솥단지에 옥수수랑 가득 쪄내고
호박 따서 전 부쳐 놓고
두레상 펴 막걸리 한잔 즐길 때
저도 껴 달라 꼬리 치는 진돌이도
함께하는 여름밤의 마당 축제

긴 하루 속 복중 더위도 잊은 채
정겨운 웃음소리 끊이지 않는 내 고향
이곳이 바로 내 동심 살아 있는
충청북도 괴산군 칠성면 율곡리라네

내 신발

무심코 바라본 내 신발
허구한 날 곧은 길 없이
건설 현장만 다니느라
뒤축이 삐딱하게 달았다는 걸
새삼스레 느낀 오늘

삐뚤어진 세상길을 맞추어 살다 보니
삐딱하게 달았을까
올바른 세상길인데
나만이 삐뚤어지게 살지 않았을까
23.5도 기울어진 지구에 기대어 살다 보니
삐뚤어지게 달았다고
자신을 위안 삼으며 오늘을 살아간다

세상 사람들 모두가 잘못됐다고 해도
나 자신은 내가 먼저 아는 법
비록 신발이 삐딱하게 달았을지라도
나 자신이 올바르게 살았다면
바른 세상이라고 소리치며
오늘도 최선을 다해
정석 된 길을 찾아 살아가리라

달팽이

한 걸음 먼저
약삭빠르게 서둘러 간다고
성공의 지름길 가는 것이 아니더라

한 걸음을
느리게 가더라도
모든 걸 준비하며 심사숙고로 행한다면
그것이 성공의 지름길이라는 걸
내가 사업을 실패한 후에 알게 되었네

결코 달팽이 느리다고
욕할 일만 아니라는 걸
내가 새삼스레 알게 되었다

때로는 느리게
강약을 조정해 가는 것도
성공을 할 수 있는 척도라는 걸
내가 뒤늦게 알았네

콩나물처럼

갑자기 찬물 쏟아붓는 거친 불화음에
놀란 정신으로 머리 깨워지며
물만 먹고 실뿌리 힘을 내
가느다란 인생 억척스레 살았다

아귀찜 해장국의 주원료가 되어
모든 것들과 어깨동무로 어울림 돼
진한 맛 크게 상승시키며
시원하다는 호평을 받고 사는 너

힘든 세상을 살면서도
물 흐름의 섬세한 음의 세계를 터득해
나를 이해하지 못하고 먹는다면
음치가 되는 법을 통달시켜 주는 너

이 세상
가장 값이 싼 콩나물일지라도
머리가 두 쪽이 나도록 살아온 세월만큼
아름다운 추억의 음높이 잘 융합해
힘찬 세상 칭송받고 노래하는
콩나물처럼 잘 살아 보세

꽃

어제까지만 해도
무심하리만큼 잠잠했던 너였는데
밤새 좋은 꿈이라도 꾸었는지
오늘 아침엔 예쁜 웃음으로
나를 향해 환하게 웃어 주니
덩달아 나도 한번 웃어 본다

네가 즐거울까
내가 즐거울까

물론 내가 즐겁다

그러니까
너는
영원히 아름다운
나의 꽃이다

소나무

넓은 하늘 향해 가시눈 치켜들곤
나쁜 짓 하지 말라고
주어진 삶을 열심히 사는 너

수많은 침을 소유하고도
남을 결코 해치는 법 없이
청렴결백하게 사시사철 살아온 너

너를 의지하며 사는 담쟁이도 보듬고
너에게 매달려 귀찮게만 하는
칡넝쿨도 찌르지 않고 살고 있는 너

언어가 다른 대나무와 견주어도
하나 손색이 없는 너
죽어선 장작이 되어
온기로 이 세상 따듯함을 전하는 너
나도 너처럼 진실된 삶을 살고 싶네
내 사랑하는 소나무여

연필

칼 앞에 목 내밀고
살아도 당당한 너

자신이 떳떳하면
겁날 것 없는 세상

큰소리
탕탕 치면서
할 말 쓰고 살련다

시 작 노 트

설렘으로 시작하여 마음을 쓰기 시작한 어느 봄날에

첫사랑같이 다가온 시어들의 춤사위와

함께한 지가 어느덧 많은 시간이 흘렀습니다.

변함없이 함께하기에 감사를 드린다는 말 이외에

아무것도 필요치 않다는 걸 느끼는 이 시간입니다.

고맙습니다.

허공 전 인 숙

2014년 충무로 시화전 4점 전시
2015년 을지로 시화전 5점 전시
2016년 을지로 시화전 4점 전시
동인지 다수

일출 외 7편

허공 전 인 숙

넘실거리는 바닷가
수평선 너머에선 산달을
꽉 채운 태양이
검붉은 탯줄을 휘감고

모두의 염원을 담은 두 손엔
정기를 가득 받았으나
힘차게 솟아오른 후광에
넋을 놓아 버리니

높고 높은 곳에 올라도
또다시 내 속에 품는
짝사랑을 하는 나에겐
언제나 만삭이자 초산이다

거지들의 특식

달그락달그락
밥그릇 긁는 소리

윗마을 아랫마을
잔칫집 문턱을 넘어
배 둥둥 두드리며

어느 집 찾아갈까 수군수군
아! 글쎄
저 아랫녘에 초상이 났단다

경사 났네! 경사 났어
어화둥둥 얼씨구

낚시

살다 보니 별일이 다 있다

던져 놓은 세월 속에서
기쁨도 던져 놓고
슬픔도 던져 놓았으니

누구든지 가져가라고
사정을 해도 네 몫이니

하늘꽃 길 걸어갈 때에
부족한 것도 적당히
섞어서 가져가라고 한다

남은 꾼들도 넉넉함의 나눔
배울 수 있도록

앞치마

잘록한
허리춤을 휘감은
커다란 한 폭의 천 조각

임의 사랑과
자식 사랑 가득 담고

부뚜막 위에
향기 품어내 모아 모아

상다리 앞에 서성이니
세상 밖의 부귀영화
다 내 것이라

당신이어서 좋습니다

거북 등 갈라지듯
거친 손등이라도
온기가 돌게 입김으로
호오~~~

살아온 세월보다
살아갈 시간이 짧아서
더 애틋해 연민이 싹트고

밤하늘 별똥별
유성으로 떨어지는 걸
이야기 삼아
오붓이 정담을 나눌 때

눈가엔 웃음이 입가엔 미소
박꽃 같은 웃음으로
내 곁에 당신이 있기에
내일이 더 행복합니다

초승달

새초롬한 눈썹
외짝으로 그려 넣고

앞서가라 떠밀어도
수줍은 눈웃음만 살짝

길게 뻗은 손끝에
걸어 놓은 그리움

둥근 만월의 모습 그리는
눈매 고운 너의 속눈썹

능소화

높다란 담장 너머
바람에 날리면서

흐느적거린 몸짓
살포시
툭! 떨구니

길 가던 나그네 눈길
떠나갈 줄 모르네

허수아비

조물주가 아닌 인간의 손에
위탁해서 마치 인간의 형상처럼
위대하게 만들어진 너!

너의 본분을 잊지 말라고
굳이 말하지 않아도
헝클어진 머리카락에
예쁜 입술로 유혹하거나
고운 눈매로 홀리는 것도 아닌 게

일자로 쭉 뻗은 양어깨와
두 팔에 쉬어 가라고
날아다니는 모든 생물에게 인심이니

저마다 오가는 길목의 쉼터처럼
잠깐의 안식처가 되어주는
너의 외짝다리는 봄부터 열매 맺어
가을 타작으로 보상받듯이
우두커니 사계를 보낸다

시 작 노 트

여름에서 초가을로 가는 길목에다
그물망을 치고 8편의 시를 건졌다.
직접 체험을 통한 세심한 관찰과 발상 그리고
영감 속에서 낳은 귀한 자식들의 재롱 잔치는
소문난 잔치로만 끝날 것인지…….

허 문 규

전북 순창 출생
『다시올 문학』 등단
한국문인협회 회원
부천문인협회 회원
시집 『별의 유전자』

여름밤의 달빛 외 7편

허 문 규

웬일인지 새우잠을 자다가
게슴츠레하게 눈을 뜨니
이불이 창가에 있다
살며시 잡아당기는데
시치미를 뚝 뗀 채
끄떡도 하지 않는다
새벽녘 창문을 넘어 들어온
허연 이불자락
그 속에 파고들어 잠이 든다
밤새 새하얀 빛이 핏줄을 타고
돌고 돌았는지
아침에 일어나 보니
화색이 박속이다

청포도 알처럼

그냥 생각 없이 지내다
묶어놓은 햇빛을 풀어
정성껏 그슬리니
떠글떠글 영글어 간다
때로는 방황도 하고
아픔도 있었지만
애타게 기다린 만큼
터질 듯 부푼다
가끔은 눈물도 흘리고
설움에 겨웠으나
그것은 오롯이
그대를 사랑하기 때문이다
순정에 대한 애틋함은
고통과 기쁨으로 응축되어
탱글탱글 다져 가고
가장 순수한 마음으로
여물어 가는 시어가
가슴에 주렁주렁 매달린다

능소화

뭔가를 잡지 않으면
헛발을 짚을 거예요
빼어난 용모는 아니지만
못나지는 않았지요
곧 죽어도 양반 가문의 규수랍니다
체면에 바닥을 길 수는 없죠
연약한 지렛대의 도움을 받는다 해도
높은 곳을 향해 마냥 오르고 싶어요
바람둥이가 아무리 꼬드겨도
결코 흔들리지 않을 것이며
이웃의 등걸이라도 꼭 붙잡고
매달릴 거예요
평화로운 날이 오면
실한 기둥서방 하나 얻어
능청스럽게 애교도 부리며
오랫동안 그대 품에 머무를 거예요
한쪽 팔은 낭창하게 늘어뜨려
발목을 칭칭 부여잡고
다른 팔로는 어깨를 붙들고

자존심을 치켜세운 채
고고하게 매달리고 싶답니다
하지만 태양의 계속된 희롱에
견디지 못하고
황톳빛 치맛자락 뒤집어쓴 채
처연히 요절하고 만다
어찌 저리도 쉬이

군산 선유도의 풍경

유리알 같은 섬의 하루
하늘과 바다는 같은 빛이다
둘은 서로의 거울이 되어
마주 보며 웃다가
상대의 귀를 잡아당기며
자연스럽게 입을 맞춘다
오늘은 수평선이 없다
하늘을 접었을 뿐이고
바다를 접었을 뿐이다
고래가 하늘에서 헤엄치고
하늘에서 유람선이 떠간다
별들은 바닷속에서 꿈꾸고
달은 바닷속에서 잠든다
오늘같이 투명한 날
하늘에서 종이배가 떠가고
바다에서는 은하수가 흐른다
하늘에 우뚝 솟은 섬은

하늘 향기가 흐르고
바다 가운데 구름에서는
짭조름한 향기가 난다

마음, 취급 주의

보이지 않지만 보이고
잡히지는 않지만 잡힌다
예쁜 생각에 예뻐지고
미운 생각에 황폐해진다
따뜻하다가도 차갑고
차갑다가도 따뜻하다
웅덩이 속에 바다가 있고
바닷속에 웅덩이가 있다
채울수록 허기가 지고
비울수록 채워진다
바람처럼 멀어지다가
밀물처럼 가까워진다
세상을 다 속일 수는 있어도
자신만은 속일 수 없다
좋은 생각을 심으면
싱싱한 열매가 달리고
기름진 책 고랑을 파면
영혼에 풍요가 깃든다

해바라기의 바라기

몹시도 무더운 날에
한 번쯤은
소나기로 왔으면 좋겠다
청량음료 같은
빗줄기로 왔으면 좋겠다
푸른 세상이
비바람으로 뒤덮인 날
혼절하며 날리는
그 붉은 백일홍 꽃잎처럼
격렬한 키스로 오면 좋겠다
무더운 여름날
한 뼘의 꿈이어도 좋다
나의 노랫소리에
한 번쯤은
특별한 사랑으로 왔으면 좋겠다

여름밤의 개구리울음

낮에는 논바닥에 납작 엎드려
침묵을 지키던 울음소리는
땅거미 내려오기 시작하면서
무섬을 벗어나려는 듯
고샅으로 마구 올라온다
가까이 다가가면 밟히지 않으려
요리조리 피하고
누군가 화음을 넣으면
한 옥타브 더 영롱하게
목청껏 울음 운다
우물 안에서 넓은 세상으로
나아가려는 듯
쏟아지는 별빛을 타고 올라가다
한 악장의 소나타가 되고
어쩌다 떨어진 울음소리는
체념한 듯
세상 슬픔이 사라질 때까지
온밤이 울도록 목 놓아 운다

한여름의 초저녁 풍경

부모님은 별빛을 밟고 들에 나가셨다 별빛을 밟고 들어오신다
동생들은 동네 아이들과 뛰어노느라 해는 짧기만 하고
학교 갔다 집에 오면 집 안이 썰렁하다 못해 맥이 빠진다
해의 꼬리가 유난히도 긴 칠팔월의 빈집은 야윈 백구가 지키고 있고
처마 밑 제비는 바람 빠진 해를 물고 어물쩍 제집으로 사라진다

시 작 노 트

처음이라 모든 것이
낯설고 서투르기도
하고 시에 문외한입니다.
시작노트라는 말이
시작한다는 의미로 다가옵니다.

류 상 근

충남 연기 출생
대전 동구청 근무

말에 대한 짧은 단상 외 5편

류 상 근

'말' 말이 뭔가? 애마부인이 타는 말, 칭기즈칸이 타는 말,
아무렇게나 주저리주저리 떠벌리는 말

신중한 말, 명령하는 말, 부탁하는 말, 칭찬하는 말

말은 종류가 헤아리기 어려울 정도로 많다
어원과 의미를 파고들어 가 보면 끝을 찾는 게
불가능할 수도 있다

우리가 입으로 발설하는 말은,
자신의 본심을 숨기기 위해 생겨났다는 말이 있다
태고의 인간들은 말보다는 손짓 발짓 같은 육체적으로 소통했다

본심을 감출 수 없는 몸짓 소통이 세월이 흐르면서 변화했다
점점 더 욕심이 커지고, 경쟁자를 따돌려야겠다는 욕망이 '말'이라는
도구를 만들어 냈다 그리고 그것은 정치꾼들에 의해 현실이 되었다

영원히 모르는 것

술 한 잔……. 큰 술잔, 중간 술잔, 작은 술잔
큰 건 얼만 한 게 큰 건지, 작은 건 얼만 한 게 작은 건지 중간은 어디쯤인지

어떻게 사는 게 잘사는 건지, 어떻게 사는 게 못사는 건지,
어떻게 사는 게 중간은 사는 건지는 매일 살아 보고 살아 봐도
답을 찾지 못하겠다

죽어서 무덤 속에 들어가 눈 감고 깊이 생각해 보면 알 수 있을까?
아침에 눈 뜨면 까먹고 밤에 눈 감으면 뭔가 생각날 듯하다가 잠들면 잊혀진다
그렇게 세월은 흘러가는 게 보인다

이 가을에

갈 길을 잃고 바람에 실려 이리저리 날렸다
방황하던 나뭇잎 하나가 유리창에 달라붙었다
아직 빗방울이 다 마르지 않은 유리창은
그 나뭇잎이 쉬어갈 수 있도록 받아 주었다

나뭇잎은 나무에서 떨어질 때부터
자신의 운명이 다했음을 알고 있었다
그래도 쉬이 떠나고 싶지 않았다 바람이 불어도 웅크렸다
아직은 살아 있다고 외치고 싶어서였을까 나뒹굴기 싫어서였을까

어느 날 나뭇잎은 하늘을 올려보며 눈물을 흘렸다
그리고 다른 쓰레기들과 함께 뒤엉킨 채로 재가 되어 세상을 떠나갔다
나뭇잎의 일생과 사람의 일생은 별반 다르지 않다는 생각이 들었다 이 가을에

변해 가는 마음

어느 날 고개를 들었다 나뭇가지에 하얗게 내려앉은 눈꽃에 매료되었다
세상의 온갖 더러움을 감춘 은빛 세상은 하얀 한복을 입고 있었다
고운 자태를 생각했다

은빛 북풍한설의 겨울을 이겨 낸
새싹이 세상에 드러날 때 기뻐했었다
수줍은 새싹이 생명의 아름다운 모습을 드러내는
순간에 온몸에 감동의 메아리가 울렸었다
그 전율은 꽃봉오리가 꽃잎으로 펴질 때,
세상이 온통 꽃향기로 변해 갈 때
눈물로 다가왔다 이제 그 위에 눈이 내려 하얗게 덮고 있다

아직은 희망의 날들

내가 오늘을 살아가는 이유는, 내일을 살아 보지 못했기 때문이다.
오늘의 하루라는 시간 속에서 기쁨과 슬픔, 우울과 즐거움이 교차하고
지나갈 때, 오늘 만날 수 없었던 일상이 기다리고 있을 거라는 희망이

기다리고 있다는 안도감이 있는 것이다
매일 맞닥트리는 순간들이 언제나 반복된다는 무료함이 견고한 나를 허물고 가는

단순한 시간의 반복처럼 느껴질 때, 지나온 날을 돌이켜보면, 같은 시간과 같은
순간은 단 한 번도 없었음을 알 수 있다

"시간이 뒷걸음질 치다 아파트 베란다 난간 아래로 떨어진다
뒤이어 미래가 다가와 그 아래로 떨어진다"*

우리는 머무를 시간이 별로 없다 과거로 보내는

나의 시간만 가지고 있을 뿐이다
그래도 아직은 내가 맞이할 수 있는
내일이란 훌륭한 시간이 조금은 남아 있다
정말 다행이다

*심보선의 시 「슬픔이 없는 십오 초」 중에서.

시든 꽃잎 하나

어느 날 꽃잎 하나가 내 가슴속으로 날아왔다
가던 길 가라고 했지만, 나를 보는 순간 자신의
갈 길을 잃었다고 했다
귀찮아 떼어내려니 소리 없이 눈물을 흘렸다
안쓰러운 생각에 그대로 있었고, 곧 잊혀졌다
집에 도착해 옷을 벗고 빨래통에 집어 던지려다
시들어 있는 그 꽃잎이 눈에 들어왔다
이미 시들어버린 꽃잎을 대수롭지 않게 떼어냈고
쓰레기통에 집어 던져 버렸다 그리고 잊고 지냈다
두 번 다시 생각하지 말아야겠다고 다짐도 했다
그렇게 잊혀졌던 꽃잎이 지난해와 꼭 같은 시간에
다시 찾아왔다 보는 순간, 곧 시들 것이란 생각에
미련 없이 바로 떼어 버리려는데, 지난해보다
더 슬프게 울고 있었다
결국 그 꽃잎이 지난해처럼 그냥 시들어 버리게 하지 말자는
생각에 그 꽃잎이 떨어져 나온 곳을 찾았다
아직은 전성기의 화려하고 아름다운 봄꽃의 자태와 위용을
뽐내고 있었다
그 모습에서 위로를 받아서일까

시들시들했던, 꽃은 누구나 찾는
향기로운 꽃으로 화려하게 부활하였다
나의 삶에도 언젠가 이런 날이 있기는
있었다 잘 기억나지 않지만…….

시인의 바다 제17집 — 꽃이 진다고요?

한국바다문인협회

인쇄 1판 1쇄 2019년 11월 24일
발행 1판 1쇄 2019년 12월 1일

지 은 이 : 한국바다문인협회
펴 낸 이 : 김천우
펴 낸 곳 : 도서출판 천우
등　　록 : 1992. 2. 15. 제1-1307호
주　　소 : 서울시 성동구 무학봉28길 6 금용빌딩 2F
전　　화 : 02)2298-7661
팩　　스 : 02)2298-7665
http://moonhak.wla.or.kr
E-mail : chunwo@hanmail.net

값 10,000원

ISBN 978-89-7954-787-0